I0371840

www.ingramcontent.com/pod-product-compliance
Lightning Source LLC
Chambersburg PA
CBHW061201070526
44579CB00009B/94
* 9 7 8 1 9 8 9 8 8 0 5 7 9 *

بسم الله الرحمن الرحیم

از آگاهی والدین تا رویش فرزندان

۷۰ راهکار کاربردی و مفید
برای پرورش کودکان فوق العاده

سلام هم زبان

دستیابی ایرانیان مقیم خارج از کشور به کتاب های بسیار متنوع و جدیدی که به تازگی در ایران نگاشته و چاپ می شود، محدود است. ما قصد داریم این خدمت را به فارسی زبانان دنیا هدیه دهیم تا آنها بتوانند مانند شما با یک کلیک در آمازون یا دیگر انتشارات آنلاین کتاب هایی در زمینه های مختلف را خریداری کنند و درب منزل تحویل بگیرند.

خانه انتشارات کیدزوکادو تحت حمایت مجموعه آموزشی کیدزوکادو این افتخار را دارد تا برای اولین بار کتاب های با ارزش فارسی را که با زبان فارسی نگارش شده است از شرکت های انتشاراتی بزرگ آن لاین مانند آمازون و ایی بی بارنز اند نابل و هم چنین وبسایت خود انتشارات در اختیار ایرانیان مقیم خارج از ایران قرار دهد.

از اینکه توانستیم کتابهای جدید و با ارزشی که به قلم عالی نویسنده گان و نخبگان خوب ایرانی نگاشته شده است را در اختیار شما قرار دهیم بسیار احساس رضایتمندی داریم

این کتاب ها تحت اجازه مستقیم نویسنده و یا انتشارات کتاب صورت گرفته و درآمد حاصله بعد از کسر هزینه ها، به نویسنده پرداخته می شود.

خانه انتشارات کیدزوکادو در قبال مطالب داخل کتاب هیچگونه مسئولیتی ندارد و صرفاً به عنوان یک پخش کننده است.

و شما خواننده عزیز ما را با گذاشتن نظرات در وب سایتی که کتاب را تهیه کرده اید به این کار فرهنگی دلگرمتر کنید.

سریال کتاب: P145320063

سرشناسه : MRD ۲۰۲۱

عنوان: از آگاهی والدین تا رویش فرزندان

زیرنویس عنوان: ۷۰ راهکار کاربردی و مفید برای پرورش فرزندانی فوق العاده

نویسندگان: رضوان میردریکوند، سارا ضمیری

شابک کانادا: ISBN 9781989880579

موضوع: فرزندپروری، ارتباط با کودک، تربیت، والدین آگاه، ارتباط صحیح با فرزند، راهکارهای تربیتی

مشخصات کتاب: کتاب صحافی مقوایی سایز رقعی (A5)

تعداد صفحات: ۹۰

تاریخ نشر در کانادا: نوامبر ۲۰۲۱

تاریخ نشر اولیه: ۱۴۰۰

Kidsocado Publishing House

خانه انتشارات کیدزوکادو

ونکوور، کانادا

تلفن: +۱ (۸۳۳) ۶۳۳ ۸۶۵۴

واتس آپ: +۱ (۲۳۶) ۳۳۳ ۷۲۴۸

ایمیل: info@kidsocado.com

وبسایت انتشارات: https://kidsocadopublishinghouse.com

وبسایت فروشگاه: https://kphclub.com

از استاد شایسته جناب آقای علی آشوری زاده
مدیریت محترم آموزش و پرورش ناحیه یک بندرعباس
و برادر بزرگوار جناب آقای جواد یگانه معاون پژوهشی
ناحیه یک که درکمال سعه صدر، با حسن خلق و فروتنی
در مسیر رشد مرا یاری و حمایت کردند
کمال تشکر و قدردانی را دارم.

وجود و حضور شما که در تلاش برای رشد و ارتقا سیستم آموزشی هستید، نیازی ضروریست.

تقدیم به
پدر و مادر عزیزم
که بزرگ ترین انگیزه‌ی زندگی و رشدم هستند
دو فرشته که مرا با این باور بزرگ کردند که همه‌ی انسان‌ها، موجوداتی ارزشمند هستند. آن‌ها به من آموختند در برابر دیگران مسئولیت دارم و این مهم است. برای عشقشان به من و تشویقشان برای باورم

و

تقدیم به
تمام کسانی که از دنیای کودکان مراقبت می کنند

رابطه ها همانند رقصیدن هستند
اگر یک طرف گام هایش را تغییر دهد طرف مقابل نیز باید گام هایش را تغییر دهد
در رابطه با کودکان نیز این موضوع صدق می کند
به یاد داشته باشید برای تغییر دادن رفتار کودکان، باید ابتدا خودتان را تغییر دهید

www.raabino.com
www.raabino.ir
Instagram: raabino.ir

فهرست

مقدمه.. ۹

این کتاب برای چه افرادی مناسب است؟...................... ۱۱

راهنمای مطالعه... ۱۳

پیش نیاز های ورود به مسیر پر پیچ و خم فرزندپروری...... ۱۵

درسنامه ها... ۱۹

مقدمه

تاکنون کتاب ها و آموزش های بسیاری در رابطه با فرزندپروری در ایران و جهان تألیف شده اما آنچه این کتاب را متمایز می کند، تمرین‌ها و راهکارهای عملی است که بعد از هر آموزش قرار داده شده است.

همچنین عــلاوه بر نکات ارائــه شــده در کتاب می توانید فایل‌های صوتی جامع مربوط به هر آموزش و تمرین را در سایت www.raabino.com حتما دانلود و گوش کنید زمانی که گلایه ها و ناله‌های والدین یا دانش آموزی را می شنیدم تلاش می کردم راهکاری بیابم تا به روابطشان قبل از حادتر شدن مشکل و رخ دادن اتفاقات ناگوار کمک کنم. لابلای مطالعات و تحقیقات متعدد نکات آموزشی دکتر اریکا رایشر برایم جذاب بود تلاش کردم اطلاعات ضروری و لازم را با کمک همکار عزیزم ساده سازی کنم تا بتوانید آن ها را در روابط تان با بچه ها عملی کنید.

داشتن خانواده ای سالم و شاد نیازمند ایجاد رابطه ای سالم است که تحقق این امر نیز نیازمند حرکت در مسیر درست و یادگیری مهارت‌های ارتباطی با فرزند می باشد.

شاید به برخی از رفتارها و توصیه های موجود در کتاب از قبل نیز اهمیت داده باشید و آن ها را تاکنون اجرا کرده اید اما موارد متعددی نیز وجود دارد که باید تقویت شود. باید بتوانید بمرور و در بستر زمان

خود را به اجرایی کردن آن‌ها پایبند کنید تا بتوانید ارتباطی خوب با فرزندانتان داشته باشید.

پیش از شروع کتاب بگویم که در این مسیر صبور باشید تا بمرور این نکات در وجودتان نهادینه شود.

با توجه به عملکرد مغز که در کتاب تعقیب تمرکز و توجه توضیح دادم برای تقویت عملکرد، مهارت و یا رفتاری لازم است که مسیر عصبی آن را در مغز خود بسازیم که ساخت مسیر عصبی و ارتباط بین نورون‌های مغزی نیازمند تمرین و تکرار آن کار است .

می‌توانید فیلم مسیر عصبی را در سایت ما مشاهده کنید.

این کتاب برای چه افرادی مناسب است؟

اگر به تازگی پدر یا مادر شده اید، یا قرار است بشوید
اگر چندین بار با موانع فرزندپروری مواجه شده اید
اگر معلم یا مربی کودک هستید
اگر در زندگی با کودکانی ارتباط دارید
این کتاب مناسب شماست زیرا این کتاب راهنمای مختصر و کاربردی است که در عین حمایت از رشد عاطفی و اجتماعی کودکان، دارای مفاهیم عینی و ابزار های عملی جهت تسهیل چالش های روزمره ی زندگی با کودکان می باشد.

دوستان عزیز در صورت هر گونه پرسش یا ارائه پیشنهاد می توانید از طریق سایت www.raabino.com یا شماره تماس ۰۹۱۲۹۲۹۳۳۴۲ با ما در ارتباط باشید

راهنمای مطالعه

تربیت فرزند و یادگیری مهارت های ارتباطی با فرزند را می توان به رانندگی تشبیه کرد. برای تسلط در رانندگی و کسب گواهینامه باید علائم آن را به خوبی یاد بگیریم و تمرین و تکرار داشته باشیم تا به خوبی مسلط شویم.

در روابط با فرزند نیز باید به تمرین ها و آموزش ها متعهد باشیم تا اثر آن را در بلند مدت ببینیم

در این کتاب نیز علائم راهنمایی در هر درسنامه قرار داده شده تا در مسیر شما را یاری کنند.

انجام کارها یا رفتارهایی که به آنها تشویق شده اید و مستمر انجام دهید .

این علامت راهنما با تابلوی دایره ای سبز نشان داده شده است.

انجام کارها یا رفتارهایی که از آن ها منع شده اید
این راهنما با تابلوی ممنوع نشان داده شده است.

درباره موقعیت ها و وضعیت های حساس و مهم به ما هشدار داده
شده است .(دقّت بیشترداشته باشید)
این راهنما با تابلوی مثلث نشان داده شده است.

پیش نیاز های ورود به مسیر پر پیچ و خم فرزندپروری

برچسب مهارت رانندگی

برای قدم گذاشتن در مسیر فرزندپروری باید پذیرش به تغییر خود را داشته باشید.
اگر این ویژگی نباشد، مانند آن است که اصلا رانندگی بلد نیستید.

برچسب گواهینامه رانندگی

اگر رانندگی بلد باشید و گواهی نامه نداشته باشید، هر لحظه ممکن است در مسیر فرزندپروری جریمه شوید و حتی اتومبیل تان متوقف شود یا

منحرف شوید و اتفاقی رخ دهد که موجب پشیمانی و ناراحتی شما شود. گواهینامه رانندگی در مسیر فرزند پروری **« تعهد و استمرار در انجام تمرین ها»** است.

بیمه نامه رابینو

بدون شک در مسیر فرزندپروری هر لحظه امکان تعارض، تنش یا دلخوری و بروز یک خسارت ناخواسته وجود دارد. پس باید خود و ماشین تان را بیمه کنید.
بیمه نامه همان **«رابینو»** است.

رابینو یه راهه، راهی برای رویش

این بیمه نامه کمک می کند در هر شرایطی با تفکر سیستمی دست به انتخاب بزنید و راهتان را با توجه به تصمیمی که می گیرید ببینید. تصمیم گیری بر اساس تفکر سیستمی باعث می شود که قبل از اینکه عجولانه یا ناآگاهانه دست به انتخاب بزنیم و رفتاری را بروز دهیم، به نتیجه ی بلند مدت آن تصمیم خوب فکر کنیم و پیش از اینکه نتیجه و

تاثیر بلند مدت در آینده را قربانی نتیجه‌ی لحظه‌ای و کوتاه مدت کنیم، تصمیم درست را بگیریم.

مثال: والدینی که برای ساکت بودن فرزند تن به تمام خواسته‌های او می‌دهند، این تصمیم شاید اوایل نتیجه دهد اما اگر سیستمی فکر کنیم و راه بلندمدت را ببینیم شاهد این خواهیم بود که در نوجوانی و جوانی این فرزند خواسته‌هایی فراتر دارد و والدین اقتداری ندارند و اختلافات زیادی بروز پیدا خواهد کرد.

درسنامه‌ها

والدین فوق‌العاده

۱

ابتدا خودشان را تغییر می‌دهند

در روابط با فرزندانتان شما ابزار تغییر هستید، اگر می‌خواهید فرد مقابل تغییر کند از تغییر دادن خودتان شروع کنید، فرزندان آینه والدین هستند.

تمرین

جنبه‌های رفتاری کودکان تان را که آرزو می‌کنید متفاوت باشند را بنویسید؛ اکنون بر نقش خودتان متمرکز شوید و از خود بپرسید نقش شما در ایجاد این رفتار چه بوده است ؟

والدین فوق‌العاده

۲

به گفته‌هایشان جامه عمل می‌پوشانند

ضروری است کودکان بدانند آنچه را که می‌گویید واقعاً قبول دارید این کار باعث ایجاد اعتماد و احترام متقابل می‌شود

تمرین

قوانینی را که نمی‌توانید یا اجرا نخواهید کرد، وضع نکنید به تعهدات خود پایبند باشید.
در صورتی که قادر نبودید به قولتان عمل کنید دقیقا توضیح دهید که چرا نتوانسته‌اید!

۳ والدین فوق‌العاده

به دانسته‌هایشان عمل می‌کنند

یکی از کلیدهای ایجاد تغییرات مثبت در زندگی، عمل کردن به دانسته‌هاست. عمل کردن به دانسته‌ها مستلزم تلاش و تمرین است

تمرین

هر جا که نیاز به تغییر را احساس کردید از خود بپرسید، چه چیزی و چگونه باید تغییر کند؟

والدین فوق‌العاده

۴
به اثرات بلند مدت تعاملات و تصمیمات با فرزندشان توجه می‌کنند

به اموری که از روی عادت انجام میدهید و حرف هایی که میزنید بیندیشید. (کار هایی که از روی عادت انجام نمیدهید و حرف هایی که از روی عادت نمیزنید) تاثیر آن‌ها در بلند مدت و آینده آیا همان چیزی است که مطلوب شماست؟

تمرین

درباره هر رفتار یا عادتی که دارید از خود بپرسید.

۱- آیا خوشحال می‌شوید ببینید فرزندتان همین کار را تقلید کند؟

۲- آیا کاری که در حال انجامش هستید باعث ایجاد حرکت مثبت در خانواده می‌شود؟

۳- کار یا رفتاری که در حال انجامش هستید و برای کوتاه مدت مشکلی را حل می‌کند، در بلندمدت چه اثر و نتیجه‌ای دارد؟

والدین فوق‌العاده

۵. فرزند پروری را یک مهارت می‌دانند

اگر به فرزند پروری به عنوان یک مهارت نگاه کنیم؛ با وجود اشتباه به جای مؤاخذه، بر یادگیری مهارت تمرکز می‌کنیم

تمرین

چالش‌های خود را در فرزند پروری مشخص کنید و به دنبال یادگیری مهارت‌های مرتبط باشید

۶

همدلی را تمرین می‌کنند

همدلی، قوی‌ترین ابزاری که می‌توانید از آن استفاده کنید. با همدلی فرزند شما متوجه می‌شود که او را درک می‌کنید و به احساسات او احترام می‌گذارید.

تمرین

وقتی با فرزندتان با چالش روبه رو شدید با همدلی شروع کنید و بر احساسات متمرکز شوید.

۷ مراقب « امّا ها » هستند

امّا « کلمه‌ای منفی است؛ این کلمه به ظاهر کوچک، ارتباط عاطفی که با فرزندانتان ساخته‌اید را ضعیف می‌کند.

مثال: می‌دانم ناراحت هستی اما....

تمرین

در پاسخ به احساسات فرزندتان به جای «امّا» از عبارت‌های « با این حال»، « همین طور» ، « همچنین» استفاده کنید.

والدین فوق‌العاده

۸. به واقعیت وجودی فرزندانشان احترام می‌گذارند

احترام به واقعیت وجود، یعنی اجازه دهیم به گونه‌ای متفاوت با ما احساس کنند، بیندیشند و به تجربه‌ی امور بپردازند.

تمرین

اجازه دهید فرزندانتان احساسات و دیدگاه‌های خودشان را داشته باشند؛ حتی اگر آن دیدگاه‌ها را درک نمی‌کنید یا موافق آنها نیستید.

والدین فوق‌العاده

۹

فرزندانشان را همان‌گونه که هستند، می‌پذیرند

پذیرش فرزندان به گونه‌ای که هستند، با دوست داشتنِ آنها یکی نیست؛ پذیرفتن فرزند همان‌گونه که هست به این معنی نیست که رفتار او را نیز دوست دارید یا تصدیق می‌کنید.

تمرین

میان تفکر / احساسات فرزندتان و رفتار / حرف‌هایش تمایز قائل شوید. به جای قضاوت یا سرکوب احساسات و تفکر فرزند، پرسش‌های درستی انجام دهید.

والدین فوق‌العاده

۱۰ از به‌کار بردن عبارات سمی اجتناب می‌کنند

چه مرگته، تو بچه خوبی نیستی.
تکرار واژگان سمی روابط شما را با فرزندانتان دچار مشکل خواهد کرد.
پس گفتن عبارات سمی ممنوع

تمرین

بر روی رفتار تمرکز کنید و از جملات زیر استفاده کنید.
من آن رفتار را دوست ندارم.
من دوست ندارم وقتی که تو .... انجام میدهی
زیرا ....
برای تو مناسب نیست که.................رفتار را داشته باشی
زیرا ....

۲۸

۱۱ فرزندان خود را راهنمایی می کنند که چگونه احساسات خود را بفهمند و اعمال خود را انتخاب کنند

احساسات را نمی‌توان همواره به صورت ارادی تغییر داد یا کنترل کرد؛ اما رفتار یک انتخاب است. آگاهانه و با تفکر می‌توانید انتخاب کنید که چه رفتاری در مواجه با هر اتفاق یا مسئله ای داشته باشید.

تمرین

همدلی کنید سپس با گفت وگوی بدون قضاوت و... به او کمک کنید تا رفتار درست را انتخاب کند

والدین فوق‌العاده

۱۲

کامل نیستند

همه‌ی پدر و مادرها اشتباه می‌کنند. این بخشی از انسان بودن ماست، پس **کامل گرایی** ممنوع

اشتباهات به دو دلیل رخ می‌دهد:

به رفتارمان توجه نمی‌کنیم.

کاری را که می‌دانیم، انجام نمی‌دهیم.

تمرین

هر بار که متوجه شدید، کاری برخلاف ارزش‌هایتان انجام داده‌اید، به خودتان فرصت بدهید و برای اصلاح آن اقدام کنید.

والدین فوق‌العاده

۱۳
اجازه می‌دهند کودکان اشتباه کنند و شکست را تجربه کنند

در زندگی مربی فرزندانتان باشید و اجازه دهید آنها بازیکنان باشند.

تمرین

به همه کارهایی که برای فرزندان تان انجام می‌دهید توجه کنید و از خود بپرسید:
چرا این کار را انجام می‌دهم؟
آیا فرزندان من، خودشان می‌توانند این این کارها را انجام دهند؛ یا در مورد کارهای روزمره خانه می‌توانند کاری بکنند؟
اگر این کار را برای آنها انجام ندهیم چه اتفاقی ممکن است رخ دهد؟

والدین فوق‌العاده

۱۴ احساسات فرزند را سرکوب نمی‌کنند

جلوگیری از بروز احساسات با این تصور که فرزند عواطف ناخوشایندی را تجربه نکند، ضربه جبران‌ناپذیری برای او باقی می‌گذارد، پس سرکوب کردن احساسات ممنوع

تمرین

اگر فرزندتان در حال تجربه احساسی است که شما میل به اصلاح یا سرپوش نهادن بر آن داشتید مثل (بی‌حوصلگی اضطراب و ...) مکث کنید و بدانید این فرصتی است تا فرزندتان با راهنمایی‌های شما برخی مهارت‌های مفید زندگی را تمرین کنند. با همدردی با احساسات شروع کنید.

۱۵

والدین فوق العاده مالک احساساتشان هستند و روحیات خود را می‌پذیرند

هر یک از ما مسئول احساسات و اعمال خودمان هستیم. این فکر که اگر دیگری این کار را نمی‌کرد من این حس را تجربه نمی‌کردم، اشتباه است؛ فرزندان، شاگردان دقیق رفتار و رؤیاهای ما هستند. پس اگر در شرایطی احساس و روحیه‌ی خاصی داشتید، آن را انکار نکنید

تمرین

۱) در هر موقعیت قبل از واکنش از خود بپرسید چرا این احساس را دارید؟ علت آن را بیابید.

۲) در مقابل سوالاتی که فرزند شما درباره‌ی احساس و حال شما دارد؛ انکار نکنید. می توانید جزئیات را بیان نکنید

۱۶ توجه می‌کنند

توجه کردن به خودمان، لحظه و دیگرانی که در این لحظه با ما هستند، همگی سنگ بنای فرزندپروری فوق‌العاده و زندگی خوب هستند. وقتی به خودمان توجه نمی‌کنیم سرنخ ها را از دست می‌دهیم؛ سرنخ‌هایی مثل پرخاشگری، عصبانیت، رفتار غیرمنتظره؛ زیرا زمانی که به لحظه توجه نمی‌کنیم، این واقعیت را نیز از یاد می‌بریم که چه رفتاری مناسب این لحظه است. به جای فکر کردن به گذشته و نگران بودن برای آینده فقط به همان **لحظه‌ی حال** توجه کنیم

تمرین

به منظور افزایش توجه و تمرکز در لحظه، تمرین‌هایی باید انجام گیرد.
مدیتیشن با هدف ذهن اگاهی Mind fullness، یکی از بهترین راهکارهاست.

۱۷ خودآگاهی را می‌پرورانند

خودآگاهی اساس فرزندپروری فوق‌العاده است. اگر از افکار و احساسات و انگیزه‌های عاطفی، انتظارات خود و ... آگاهی نداشته باشیم، دشوار است که اشتباهات خود را بپذیریم. به جای واکنش نشان دادن، پاسخ دهیم یا احساساتمان را بپذیریم

تمرین

نوشتن یادداشت های روزانه، مدیتیشن و گرفتن بازخورد از خانواده یا دوستان مورد اعتماد، مواردی هستند که در راستای رسیدن به خودآگاهی، کمکمان خواهند کرد. مراجعه به روان درمانگر نیز راهکاری مؤثر است

۱۸ - والدین فوق‌العاده لمس مثبت فرزندشان را تمرین می‌کنند

تحقیقات به طور منسجم نشان می‌دهد که لمس مثبت فرزندان مثل نوازش کردن و درآغوش گرفتن، برای رشد و سلامت مستمر کودکان امری حیاتی است و کودکانی که از این نیاز محروم می‌مانند، در رشد شناختی و جسمی آنان مشکلاتی ایجاد خواهد شد. لمس مثبت، باعث ترشح هورمون عشق یا Oxytocin می‌شود که فوایدی برای بدن و به ویژه سیستم ایمنی بدن دارد

تمرین

روزانه زمانی را برای درآغوش گرفتن و نوازش فرزندانتان اختصاص دهید؛ با عشق آنها را احساس کرده و با آنها صحبت کنید

والدین فوق‌العاده

۱۹ به کودکان کمک می‌کنند تا عادت‌های مثبت در خود ایجاد کنند

از تولد تا ۵ سالگی زمانی حیاتی در رشد کودکان است: مسیر عصبی در این دوران به خوبی می‌تواند ایجاد و تقویت شود؛ پس می‌توان با ایجاد عادت‌های صحیح، مسیر عصبی درستی برای این موارد ایجاد کنیم. مثل عادات احساسی، شکرگزار بودن، سپاسگزاری کردن؛ عادت‌های رفتاری صحیح و ساده مثل مسواک زدن شبانه، رفتار مناسب با دیگران، مطالعه‌ی کتاب و ...

تمرین

تعاملات روزانه‌ی خود را با فرزندانتان در نظر بگیرید. از خود بپرسید:

آنها از این تعاملات متناوب و مکرر چه می‌آموزند؟
چه عادات، تفکرات، احساسات و رفتارهایی در تجربه‌ی روزانه‌ی فرزندانتان ایجاد شده‌اند؟
آیا این عادات سازنده و مفید هستند؟ اگر نه، همین حالا برای تغییر آنها اقدام کنید و با تغییر خود شروع کنید

۲۰ میان اهداف و روش ها تمایز قائل می‌شوند

نکته‌ی بسیار مهم در فرزندپروری این است که خیلی وقت‌ها رفتاری که بچه ها از خود بروز می‌دهند با توجه به هدف ارزشمندی انتخاب شده‌است امّا آنها در انتخاب مدل رفتاری خود اشتباه می‌کنند. به عنوان مثال فرزند شما با فریاد وسیله‌ای را از شما می‌خواهد؛ هدف او جلب توجه شما و دریافت وسیله‌ی مورد نظر است امّا نوع رفتار او اشتباه است. با توجه اینکه آن هدف ارزشمند است، شما باید به فرزندتان نشان دهید که نوع روش و رفتار آن ناخوشایند و بی‌تأثیر است

تمرین

به جای واکنش سریع، هدف فرزندتان را پیدا کنید و به او شیوه‌ی صحیح را آموزش دهید.

به عنوان مثال:

عزیزم، می‌دانم که واقعا یک لیوان شیر می‌خواهی؟ (تصدیق و همدلی)

ولی وقتی فریاد میزنی گوش هایم درد می گیرد. (دلیل)

اگر شیر می‌خواهی می‌توانی بگویی: مامان می‌شود لطفا کمی شیر برای من بریزید؟ (روش جایگزین)

والدین فوق‌العاده

۲۱ راه را به کودکان نشان می‌دهند.

گاهی برای آموزش و حذف رفتار از تنبیه استفاده می‌کنیم که تنها باعث سرکوب رفتار فرزند می‌شویم و داستان را بدون دادن راه حل یا جایگزینی تمام می‌کنیم.

تمرین

اگر رفتار نادرستی از فرزندتان سر زد اول از خود بپرسید تلاش او برای به دست آوردن چه چیزی بوده است؟ پس روش قابل قبول‌تری پیشنهاد دهید یا گفت و گو کنید.

والدین فوق‌العاده

۲۲
رفتاری را که نمی‌خواهند تکرار شود، تقویت نمی‌کنند

زمانی که کودکان رفتاری منفی از خودشان نشان می‌دهند، اگر واکنشی دریافت کنند که به نتیجه دلخواهشان نزدیک باشد، احتمالاً آن رفتار را تکرار خواهند کرد

تمرین

به تعاملاتی که با فرزند خود دارید و به عصبانیت و بحث ختم می‌شود، توجه کنید؛ به رفتار کودک خود فکر کنید و واکنش خودتان را به رفتار نادرست او بررسی کنید. آیا رفتار شما ناخواسته رفتار او را تقویت کرده است؟ آیا واکنش شما به او کمک کرد تا به هدفش برسد؟

۴۰

۲۳

والدین فوق العاده پیگیر رفتارهای خوب فرزندشان هستند

میان ارائه پیام های روزانه به فرزندانتان کارهای خوب شان را تحسین کنید؛ این کار باعث پیشرفت و تقویت رفتار خوب می شود.

تمرین

از فرصت‌ها و لحظات برای قدردانی بابت رفتار درست فرزندتان استفاده کنید تا رفتار مطلوب فرزندتان تقویت شود.

والدین فوق‌العاده

۲۴
در خفا و با عشق تأدیب می‌کنند

تأدیب با عشق یعنی کلمات شما نشان دهد که با رفتار فرزندتان مخالف هستید و نه خود او. بازخورد به رفتار فرزند، نباید در جمع و جلوی دیگران انجام شود.

تمرین

به جای تمرکز روی کودک، مثل (تو چِت شده؟) درباره‌ی رفتارش با او صحبت کنید و هیچگاه در جمع فرزندتان را تأدیب نکنید.

والدین فوق‌العاده

۲۵ در زمان خستگی یا گرسنگی، تأدیب نمی‌کنند

زمانی که فردی خسته یا گرسنه باشد، صبر زیادی ندارد؛ پس به جای ماهرانه جواب دادن به شرایط از خود واکنشی سریع بروز می‌دهد. این شرایط برای کودکان نیز مشابه است. کودکان نیز در زمان خستگی و گرسنگی تمرکز ندارند؛ پس بهتر است در این زمان، تأدیب نکنیم.

تمرین

خلاصه‌ای از نقض قانون را بیان کنید
مثلا مشاهده کرده‌ام که............اما بیا ابتدا غذا بخوریم بعدا درباره‌ی آن صحبت کنیم

والدین فوق‌العاده

۲۶
هدف از تأدیب کردن را یادگیری می‌دانند و نه تنبیه

تأدیب کردن از کلمه انگلیسی Discipline به معنای آموزش یا دانش و در نهایت به معنی یادگیری است. پس برای تأدیب کردن باید به شرایط ذهنی و انگیزه‌ی خود توجه داشته باشید، چرا که هدف آموزش و یادگیری است نه تنبیه.

تمرین

این هدف را برای خود تعیین کنید که از تأدیب کردن به عنوان روشی برای تسهیل یادگیری فرزندتان استفاده کنید.
مثال: آموختن در مورد حد و مرز‌ها، محدودیت‌ها، احترام به دیگران و ...
از تحمیل کردن مجازات در مقابل کار اشتباه بپرهیزید

والدین فوق‌العاده

۲۷ می‌دانند که ساختار مغزی کودکان متفاوت است

بچه داشتن، پروژه‌ای وقت‌گیر و تکراریست و نیاز به صبر و حوصله دارد. زیرا که گاهی نیاز است موردی را تکرار و یادآوری کرد. چراکه ساختار مغزی کودکان با بزرگسالان متفاوت است و به همین دلیل گاهی کاری که برای ما آسان است، ممکن است برای کودکان ما دشوار باشد.

تمرین

دیدگاه خودتان را تغییر دهید؛ در برخی موارد به کودکانتان زمان دهید و مهارت تمرکز و دقت را با تمرین و بازی در آنها پرورش دهید تا میزان حواس پرتی در آنها کاهش یابد.

۲۸ توجه می‌کنند که چه می‌گویند و چگونه می‌گویند

ارتباط کلامی و غیر کلامی است. ارتباط کلامی واژه‌هایی است که به کار می بریم و ارتباط غیرکلامی یعنی صدا، تماس چشمی و زبان بدن ما. توجه کردن به چیزی می‌گوییم و شیوه ای که آن را ادا می کنیم، به این معناست که نه فقط با کلام بلکه با صدا و زبان بدنمان هم به پیامی که می‌دهیم باید توجه کنیم؛ زیرا که بسیار اثرگذار است

تمرین

به چیزی که می گویید و شیوه‌ای که آن را ادا می کنید توجه ویژه داشته باشید. در این مورد می‌توانید از اطرافیان خود کمک بگیرید و نظر آنها را در مورد تناسب بیان و زبان بدن خود جویا شوید.

مثال : به صورت کلامی از فرزندتان تشکر می کنید امّا حالت چهره ی شما یکنواخت و بی تفاوت است

۲۹

والدین فوق‌العاده می‌دانند که اعمال صدای بلند تری نسبت به کلمات دارند

برخی از والدین آرزو می کنند که می‌توانستند به فرزنـدان خود بگویند: «به چیزی که می‌گوییم عمل کن ولـی مثـل ما عمل نکن» با این حال رفتاری که ما برای فرزندمان الگوسـازی می‌کنیم، تأثیر شگرفی بر مسائلی دارد که یاد می‌گیرند

تمرین

فهرستی از ده تا پانزده ارزشی که مایلید به فرزند خود بیاموزید، تهیه کنید. مثال : مسئولیت پذیری، صداقت و... برای هریک از این ارزش ها، چیزی را که به فرزندانتان می گویید و مهمتر از همه نحوه‌ی الگوسازی ارزش‌های یاد شده را در زندگی خود در نظر بگیرید. بررسی کنید رفتارتان با گفتارتان تناقض نداشته باشد. اگر فکر می‌کنید رفتاری در فرزندتان دارای مشکل است، به دقت رفتار خود را رصد کنید، تا ارتباطات احتمالی را بیابید

والدین فوق‌العاده

۳۰ آموزش دادن عواطف را تمرین می‌کنند

اگر می‌خواهید تأثیر شگرفی بر سلامت و موفقیت آینده‌ی فرزند خود داشته باشید، با آموزش عواطف، کمک کنید تا هوش هیجانی خود را پرورش دهند. هوش هیجانی یعنی مجموعه مهارت‌هایی که فرد را قادر می‌کند تا احساسات خود را به خوبی بشناسد، درک کند و به شیوه‌ی مؤثر آنها را ابراز و مدیریت کند

تمرین

زمانی که فرزند شما احساس یا رفتاری را از خود بروز دهد، سناریوی زیر را انجام دهید:

۱) شناسایی کردن

۲) اعتبار بخشیدن

۳) تعلیم دادن

۴) مدیریت کردن

توضیحات تکمیلی و مهم این بخش در فایل صوتی موجود است.

والدین فوق‌العاده

۳۱ «کنترل خود» را در کودکان تقویت می‌کنند

«تحقیقی با عنوان شیرینی مارشمالو انجام شد که در ویس توضیح داده شد»
این تحقیقات نشان داد که کنترل خود، با افزایش تحمل استرس و توانایی‌های تمرکزی، تنظیم عواطف و ... مرتبط است

تمرین

به جای تمرکز روی دستاورد، کمک کنیم تا با تمرین، بازی و پرورش مهارت‌های مرتبط با کنترل خود، کودکان به انسان موفقی تبدیل شوند. تاب‌آوری و تفکر سیستمی را به آنان بیاموزیم

۳۲ کودکان را کاوشگرانی کوچک در نظر می‌گیرند

اکثر مواقع رفتاری که از دید ما مناسب نیست تنها از روی کنجکاوی و کاوش بچه‌ها انجام شده است. کودکان واقعا جهان را متفاوت با بزرگسالان تجربه می کنند. اگر شما هم هنوز با مفهوم جاذبه آشنایی نداشتید، چیزهایی را پایین می‌انداختید تا ببینید هر دفعه به سمت پایین حرکت می‌کنند؟

تمرین

با مشاهده‌ی رفتار نامناسب فرزندتان به جای سر و کله زدن و بحث، نگاهتان را تغییر دهید و از این لنز به مسئله نگاه کنید که این کار با هدف کاوش بوده‌است؛ شما نیز بر همین اساس پاسخ دهید.

۳۳. برای فرزندان خود فرصت آگاه‌سازی را ایجاد می‌کنند

آگاه‌سازی، به اشتراک گذاشتن دانش و تجربیات با فرزندانتان است، بی‌آنکه به آنها اصرار کنید انتخابی مشابه شما داشته باشند.

تمرین

به جای اصرار و انتخاب از جانب خودتان شرایط پیش رو و احتمال‌ها را برای او تعریف کنید و اجازه دهید انتخاب کند. مثل (آسیب دیدن وسیله بازی شما در پارک)

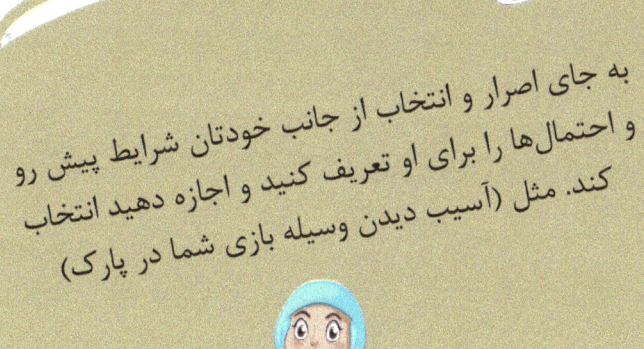

والدین فوق‌العاده

۳۴

شخصیت فرزندان خود را در حال ساخت می‌بینند.
برای شکل گیری نیاز به تمرین و حمایت دارند

با بدرفتاریِ فرزند، به جای ناامیدی، سرزنش و انتقاد تلاش می‌کنند تا نحوه گفتار و ادای کلمات به گونه‌ای باشد که به رفتار فرزند تمرکز داشته باشد، نه خود او و آن رفتار در طول زمان به شیوه درست تغییر می‌کند
مثلاً به جای گفتن تو دیوانه‌ام کردی بگوییم این رفتار تو آزاردهنده است.

تمرین

بدرفتاری و اشتباه کردن جز جدایی نشدنی از فرایند طولانی مدت یادگیری است.
این تمرین ها را مدام انجام دهید.
رفتار را از خود او جدا کنید.
بر هدفش تأکید کنید و توضیح دهید شیوه راهکارش اشتباه است.
روش های جایگزین را بیان کنید

۳۵

والدین فوق‌العاده

به استقلال فرزند خود اهمیت می‌دهند

کودکانی که والدینشان استقلال بیشتری به آنها داده‌اند در طول زمان روابط بهتری با والدین دارند.

تمرین

به جای فرمان دادن به فرزندانتان که چطوری کاری را انجام دهند؛ اجازه دهید آنها امتحان کنند. آنها از طریق تلاش کردن اشتباه کردن و امتحان کردن یاد می‌گیرند.

والدین فوق‌العاده

۳۶ سبک مقتدرانه‌ای در فرزندپروری پیش می‌گیرند

سبک مقتدرانه حد تعادلی مناسب میان پاسخگو بودن به نیازهای کودکان و تعیین حد و مرزهای متقن، برقرار می‌کند. مقتدر بودن یعنی دادن استقلال به کودکان، متناسب با رشد آنها؛ تا بتوانند انتخاب کنند و اشتباه کنند. مقتدر بودن یعنی گرم و با محبت بودنِ متعادل

تمرین

به جای ایجاد احساس شرمندگی، سرزنش و ترس برای اجرای قوانین، قاطعانه و با همدلی، آگاهی دهید. نه مستبدانه عمل کنید نه آسان‌گیرانه

والدین فوق‌العاده

۳۷ نگرش گرم و با محبت دارند

صداقت، احترام و ارتباط عاطفی عمیق بنیان‌های یک رابطه مطلوب است و یک رابطه مطلوب بنیان یک زندگی مملو از شادی و توازن است. دقّت کنید گرم و با محبت بودن به این معنی نیست که در برابر خواسته‌های غیرمنطقی فرزندان تسلیم شوید یا اجازه بدرفتاری دهید

تمرین

به خودتان یادآوری کنید فرزند شما به عنوان یک فرد با رفتارش متفاوت است.
محبتتان را نثار فردیت فرزند کنید و در عین حال قاطعانه رفتارهای نادرست (مشکل آفرین) را حل و فصل کنید

والدین فوق‌العاده

۳۸- با فرزندان خود با احترام رفتار می‌کنند

اگر می‌خواهیم فرزندمان ویژگی‌های اخلاقی مطلوب را بیاموزند و در شرایط گوناگون رفتار مطلوبی داشته باشند نه تنها در تعاملاتمان با دیگران، بلکه در تعاملات ما با آنها نیز باید برایشان الگوسازی کنیم.

تمرین

به گفتار و رفتارهای خود با فرزندانتان توجه کنید. دقّت کنید که چه نوع رفتاری را برای آن‌ها الگوسازی می‌کنید.

والدین فوق‌العاده

۳۹ آگاهی می‌دهند تا فرزندشان با احترام با آنها رفتار کند

همه والدین بر این باورند که فرزندانشان می‌بایست با احترام با آنها و حتی دیگران برخورد کنند اما جای تعجب است که والدین ناخواسته به آنها اجازه می‌دهند با آنها رفتار نامناسبی داشته‌باشند. مثال قطع کردن و وسط حرف شما پریدن، بر سر شما فریاد کشیدن

تمرین

به نحوه‌ی تعامل فرزندتان با خودتان توجه کنید. هر گاه او با شما رفتاری می‌کرد که نمی‌خواستید در ارتباط‌هایش با دیگران تکرار شود؛ این عمل را متوقف کنید. دقّت کنید محکم و قاطعانه به رفتار اشاره کنید نه **شخصیت** فرزندتان

والدین فوق‌العاده

۴۰ به ندرت می‌گویند خسته نباشی یا تو خیلی باهوشی

اغلب فکر می‌کنیم تحسین کردن فرزندانمان که فوق‌العاده، خاص یا با استعداد هستند به تقویت اعتمادبه‌نفس آنها کمک می‌کند؛ اما طبق تحقیقات معتبر خانم کارل دوک، تحسین های بیش از حد، غیر مشخص و توانایی محور در حقیقت تأثیر برعکس دارند و باعث می‌شوند بچه ها طرز فکر ثابتی داشته باشند. بچه های با طرز فکر ثابت همیشه از ترسِ شکست، خنگ دیده شدن و حفظ موقعیت خود به عنوان فرد خاص، قدم جدیدی بر نمی‌دارند، مهارتی یاد نمی‌گیرند و در واقع ریسک نمی‌کنند

تمرین

دقّت کنید که چگونه کودک خود را تحسین می کنید. مشخص کنید چه نوع تلاشی از طرف فرزندتان شایسته تحسین است از تحسین‌هایی که بر توانایی تمرکز می کند بپرهیزید.

مثل تو باهوشی؛

تلاش آن ها را تحسین کنید

والدین فوق العاده

۴۱ از برچسب‌گذاری پرهیز می‌کنند

برچسب زدن به فرزندان به مرور زمان و با تکرار موجب می‌شود دیگران حتی خودِ بچه ها، این برچسب و تصویر را بپذیرند. این برچسب‌ها یک ویژگی شخصی ثابت را از بیرون به فرد تحمیل می‌کند. حتی بعضی از برچسب های مثبت نیز مشکل آفرین هستند. مثل خیلی باهوشی؛ فرزند برای حفظ این برچسب فرصت ریسک، کسب تجربه و یادگیری مهارت جدید را از خود دریغ می‌کند

تمرین

دقّت کنید که فرزندانتان را برای دیگران و خودشان چگونه توصیف می کنید. با بیان درست به بچه‌ها این پیام را بدهید که رفتار آنها با هویتشان یکی نیست.
مثال به جای اینکه بگویید خجالتی است؛ بگویید او الان احساس خجالت می کند

۴۲ صادقانه و به شیوه اصولی نظر می‌دهند

کودکان نیاز ندارند که مو به مو جزئیات را بدانند، اما بر اساس سن و پختگی آنها می‌توانید میزان درست صریح‌گویی را تعیین کنید. صریح سخن گفتن همچنین به آنها می‌آموزد روی صداقت ما حساب کنند و آن‌ها را تشویق می‌کند که نظرات ما را جویا شوند؛ زیرا بر اساس انتظارشان تا حد ممکن صادقانه پاسخ خواهیم داد. طفره رفتن در پاسخ موجب بی‌اعتمادی فرزند به والدین می‌شود یا تعریف بیش از حد موجب غرور فرزند یا پریشانی می‌شود. زیرا بعدا که با جهان واقع مواجه شود و خود را مقایسه کند

تمرین

زمان تشویق و بازخورد از **عملکرد فرزند، از تلاش، پشتکار و سخت کوشی** او تعریف کنید. گاهی ابتدا دلیل پرسش را از فرزندتان جویا شوید تا پاسخ مناسب برای رفع آن نگرانی و دغدغه را بیابید.

۴۳ از داربست استفاده می‌کنند

مفهوم داربست به شما کمک می‌کند تا درباره نحوه حمایت از فرزندانتان تصمیم گیری کنید. دار بست در واقع سازه‌ای موقتی است که برای مواظبت از کارگران و نگه‌داری ابزار به کار می‌رود. داربست نقش موقت و حمایتی دارد. شما هم می‌توانید در حیطه‌های مختلف زندگی از فرزندتان حمایت کنید(داربست) در حالی که کار را خودشان انجام می‌دهند(ساختمان) روش داربست همان حد وسط در راهنمایی‌ها و کمک هاست اما اجازه می‌دهید که کار اصلی را خودش انجام دهد.

تمرین

هدف داربست زدن این است که به فرزندانتان کمک کنید مهارت‌هایشان را در حیطه‌های مختلف تقویت کنند و پرورش دهند. قبل از انجام کار برای فرزندتان یک قدم به عقب بروید و از خودتان بپرسید که آن کار یا پروژه را چگونه می‌توان به مراحل کوچک‌تر تقسیم کرد تا او مستقل انجام دهد.

۴۴ یک دلیل ارائه می‌دهند و به موقع هشدار می‌دهند

زمانی که از بچه‌ها درخواستی دارید یا قانونی را وضع می‌کنید دلیل آن را به بچه‌ها بگویید. بیان دلیل به کودکان خواهدآموخت تأثیر رفتار و انتخاب‌هایشان را در نظر بگیرند. یاد بگیرند هر رفتار یک انتخاب است و نتیجه و عواقب آن را باید درنظر گرفت. دلیل ارائه شده متناسب با میزان سن و درک فرزندتان باشد.

تمرین

هرگاه که قانونی وضع می کنید یا درخواستی دارید یک دلیل مختصر را متناسب با درک و سن فرزندتان توضیح دهید. به جای گفتن باید الان کفش هایت را بپوشی. بگو حالا کفش‌هایت را بپوش تا ۲ دقیقه ی دیگر برویم که به تمرین فوتبال با دوستانت برسی.

۴۵ والدین فوق‌العاده در تصمیم‌گیری‌هایشان شفاف عمل می‌کنند و می‌دانند دلیل آوردن محدودیت‌هایی نیز دارد

برای بسیاری از کودکان تصمیمات بزرگ‌ترها (والدین) گویی از یک جعبه سیاه بیرون می‌آید. تصمیماتی ارائه می‌شود بی‌آنکه بچه ها درک درستی از نحوه ساخته‌شدن آن ها داشته‌باشند و شفاف نشدن دلیل تصمیم‌ها اختلاف و تنش ایجاد می‌کند. دقّت کنید زمانی که بچه‌ها به لحاظ عاطفی پریشان هستند هیچ دلیلی برای آنها قابل درک نیست. در این مواقع به جای دلیل‌آوردن با احساسات و همدلی شروع کنیم.

تمرین

هنگامی که تصمیم می گیرید، سعی کنید توضیح دهید که چرا و چگونه به این تصمیم رسیده‌اید و زمان ناراحتی و... در مقابل احساسات از احساس استفاده کنید تا به او نزدیک شوید.

۴۶ از قدرت پیامدهای طبیعی استفاده می‌کنند

اجازه دهید کودکان پیامد طبیعی اعمال و انتخاب‌های خود را تجربه کنند و این امر برای یادگیری ضروری است. همه ما از تجربه درس‌های خوبی می‌گیریم. بعضی از تجربه‌های ما استفاده می‌کنند و گاهی هم خودشان باید کشف و تجربه کنند؛ تا جایی که به سلامتی و ایمنی آنها خطری نرساند.

تمرین

همانطور که هر روز فرزندانتان را هدایت و مدیریت می‌کنید در جستجوی فرصت‌هایی باشید که به آنها اجازه دهید از تجربه‌ها و اشتباهات خود درس بگیرند.

والدین فوق العاده

۴۷ به فرزندان خود برگ جریمه ارائه می‌کنند

برای بعضی رفتارها خط قرمز و محدوده‌ای مشخص کنید. بعضی از کودکان برای تغییر در رفتار به یک یادآوری نیاز دارند تا از خط قرمز عبور نکنند، اما برای کودکی که از خط قرمز عبور کرد یک برگه جریمه در نظر بگیریم. (برگ جریمه تمرینی داشته باشد برای جایگزینی رفتاری بهتر)

تمرین

به یاد داشته باشید ما نمی‌توانیم از فرزندانمان انتظار داشته باشیم از قوانین و دیگر دستورالعمل های رفتاری پیروی کنند در حالی که مهارت‌های آن را یاد نگرفته اند.

نکته: در صورت استفاده از برگه جریمه موارد زیر را رعایت کنید

۱-معنادار باشد ۲- مرتبط با موقعیت باشد ۳- متناسب با جرم (خطا) باشد ۴- قابل اجرا باشد

۴۸ سرعت‌گیر ایجاد می‌کنند

بهتر این است که از موقعیت‌های مشکل‌آفرین پرهیز کنید یعنی اگر نمی‌خواهید فرزندتان رفتار ناشایستی داشته باشد، از سرعت گیرهایی استفاده کنید که نیاز به تنبیه و برگه جریمه هم نباشد. مثال: اگر در مغازه یا میوه فروشی فرزند شما شیطنت زیادی دارد، می توانید در زمانی به خرید بروید که فرزند شما همراهتان نباشد.

تمرین

موقعیت‌هایی را که فرزندتان در آن رفتار مناسبی ندارد مشاهده کنید؛ هر مورد را بررسی کنید و بنویسید چه راهی وجود دارد که موقعیت را تغییر دهید تا از به وجود آمدن شرایط مرتبط با آن رفتار مشکل‌آفرین جلوگیری به‌عمل آید؟

والدین فوق‌العاده

۴۹

هماهنگ عمل می‌کنند

هماهنگی یعنی کاری را که می‌گویید انجام خواهید‌داد، انجام دهید و این یعنی قابل پیش بینی بودن. فرزندان می‌دانند هرچه می‌گویید انجام می‌دهید و تا حصول نتیجه پیگیری می‌کنید.
نکته: قوانین یا تنبیه هایی وضع نکنید که نمی‌توانید اجرا کنید

تمرین

به قوانین و تنبیه‌هایی که می‌خواهید برای فرزندتان اجرا کنید توجه ویژه داشته باشید. در لحظه عصبانیت و یا از روی احساس تصمیم نگیرید. درصورت اطمینان از اجرای آن، بیان کنید. اگر نتوانستید اجرا کنید از تکنیک «به تعویق انداختن» استفاده کنید.

۵۰ سعی می‌کنند محکم و قاطع باشند

هنگام عصبانیت تصمیم گیری نکنید و بر احساسات خود متمرکز باشید و کنترل را در دست بگیرید. از جدال قدرت بپرهیزید؛ اما در عین حال محکم و قاطع باشید. می توانید در کنار قاطع بودن،آرام و مهربان باشید.

تمرین

هنگامی که فرزندتان شما را عصبانی می کند یا کاسه صبرتان لبریز می‌شود چند نفس عمیق بکشید و این تکنیک را امتحان کنید. وانمود کنید که دربان هتل هستید. یک دربان در شرایط نامناسب هم آرامش خود را حفظ می کند و یاری گر است. در واقع از قدرت تخیل برای تمرین رفتار مطلوب استفاده کنید چون باعث می شود به گونه ای که تخیل کرده‌ایم عمل کنیم.

۵۱ عادت‌های شاد بودن را آموزش می‌دهند و تمرین می‌کنند

شادی چند بعد اساسی دارد: ۱- لذت (که با ارضای آرزوها حتی غذای مورد علاقه ایجاد می‌شود اما اثرش کوتاه‌مدت است) ۲- مشارکت داشتن در فعالیت‌ها (ورزش کردن، استفاده از مهارت ها در کاری، موسیقی و...) ۳- داشتن رسالت و هدف و اقدام برای آن ۴- قدرشناسی

تمرین

این موارد را حتما در زندگیتان در نظر بگیرید.

والدین فوق‌العاده

۵۲

سه «ت» را به کودکان می‌آموزند

«تو می‌توانی هر کاری انجام دهی»
این جمله‌ی به ظاهر انگیزشی و مثبت، اثرات منفی در ذهن فرزند به جا می‌گذارد. او چنین برداشت می‌کند که همواره باید در تمام کارها بلافاصله موفق باشد.

تمرین

سه «ت» را به فرزندان خود بیاموزید:
تمرین: تلاش دائم برای تسلط بهتر
تحمل: سرسختی و پشتکار
تداوم در عمل

والدین فوق‌العاده

۵۳

از زمان بازی محافظت می‌کنند

بازی فواید بسیاری دارد از جمله: رشد سالم مغز، خلاقیت، رشد کارکردهای اجرایی، مهارت‌های تصمیم‌گیری، حل مسئله و...

بازی دنیای کودکان است

تمرین

فرصت‌هایی را برای بازی بچه‌ها در نظر بگیرید و اجازه دهید در محیط آرام و امنی بازی کنند. مدرسه‌ای را انتخاب کنید که بر پایه‌ی فلسفه‌ی بازی محور باشد.

والدین فوق‌العاده

۵۴ به بهداشت خواب نیز توجه دارند

نیاز حیاتی دیگری که برای رشد کودکان لازم است خواب کافی است. کمبود خواب موجب بروز مشکلات رفتاری، عملکرد بد در یادگیری و مدرسه و... می‌شود.

تمرین

به زمان و میزان خواب توجه داشته باشید. دستورالعمل‌های پیشنهادی بنیاد ملی خواب:
کودکان نوپا (۱ تا ۲ سال): هر شب ۱۱ تا ۱۴ ساعت
پیش‌دبستانی (۳ تا ۵ سال): ۱۰ تا ۱۳ ساعت
ابتدایی و راهنمایی (۶ تا ۱۳ سال): ۹ تا ۱۱ ساعت
نوجوانان (۱۴ تا ۱۷ سال): ۸ تا ۱۰ ساعت

والدین فوق‌العاده

۵۵
خطرپذیری معقول را تقویت می‌کنند

طبیعی است که والدین فرزند را از هر آسیبی محافظت کنند اما اگر این کار بی هیچ تمایزی و همیشه انجام شود معایب قابل توجهی دارد.

تمرین

فعالیت‌هایی که به نظر شما برای فرزندتان خطرناک هستند، کدامند؟ در انجام کدام فعالیت‌ها محدودیت دارند؟ منافع و خطرات کوتاه مدت و بلند مدت آنها را در نظر بگیرید سپس تصمیم بگیرید برای کدام فعالیت‌ها محدودیت دارند.

والدین فوق‌العاده

۵۶ فرزندانشان را به انجام اعمال نیک تشویق می‌کنند

منظور از اعمال نیک، تربیت اخلاقی کودکان است. انجام اعمال نیک یعنی به کودکان بیاموزیم که از نیازهای دیگران در خانواده، اجتماع و جامعه وسیع‌تر آگاهی داشته باشند و به آن اهمیت دهند.

تمرین

برای فرزندتان نمونه‌هایی از اهمیت توجه به دیگران مطرح کنید و زمانی را برای کارهای انسان‌دوستانه اختصاص دهید.

والدین فوق‌العاده

۵۷ از ایجاد نظام تربیتی پاداش محور پرهیز می‌کنند

نظام تربیتی پاداش محور، نظام داد و ستد ایجاد می‌کند که در آن کودکان می‌آموزند رفتار مطلوب خود را با یک پاداش معامله کنند. استفاده نادرست از پاداش دادن، مشکلاتی در آینده به همراه دارد.

تمرین

ابزار اولیه شما برای پاداش دادن به رفتار مطلوب تصدیق و تحسین شما خواهد بود. برای کارهایی که فرزندانتان دوست ندارند انجام دهند همدلی کنید و تمرین داشته باشید.

والدین فوق‌العاده

۵۸ به فرزندانشان توجه کامل دارند

اگر در زندگی صبر کنیم تا وقتی را برای گذراندن با فرزندانمان پیدا کنیم یا وقتش را داشته‌باشیم، ممکن است زمان زیادی را منتظر رسیدن چنین لحظه‌ای بمانیم. اگر کودکان آزادانه و مشتاقانه، توجه بی‌وقفه‌ی ما را نداشته‌باشند، احتمال دارد برای دریافت آن به ابزارهای دیگر متوسل شوند مثل: توجه منفی، بد رفتاری

تمرین

به برنامه‌ی روزانه‌تان فکر کنید یا تقویم‌تان را بردارید و زمان و فعالیت‌هایی برای بودن در کنار فرزندتان تعیین کنید در صورت پرمشغله بودن اوقات منظمی را تعیین کنید.

والدین فوق‌العاده

۵۹ از خودشان مراقبت می‌کنند

در کنار مراقبت از فرزندان و گذراندن اوقاتی با آنها باید برای خودتان هم وقت بگذارید. اگر از خودتان به درستی مراقبت نکنید و به تغذیه، سلامتی و آرامش خود توجه نکنید؛ خیلی زود خسته، بی‌نشاط و فرسوده می شوید و در مسیر فرزندپروری نیز دچار مشکل خواهید شد.

تمرین

از خودتان بپرسید آیا دوست دارم فرزندانم عادات مرا را تکرار کنند؟

حتماً در تقویم خود روز و زمان‌هایی را برای رسیدگی به خود مشخص کنید.

والدین فوق‌العاده

۶۰. به جای نه؛ بله می‌گویند

این یک هنر است که به جای گفتن نه، بله بگوییم اما منظور و هدف ما تغییری نکند.

تمرین

لحن گفتار و نوع جملات ما در ارتباط بسیار مهم است. گفتن بله ماهرانه داده‌های کمتری برای جر و بحث در اختیار کودکان قرار می‌دهد.

مثال: بجای اینکه بگویید «نه، تا وقتی که نخوابیدی به پارک نمی رویم.»

بگویید: «بله به محض اینکه از خواب بیدار شدی به پارک خواهیم رفت.»

والدین فوق‌العاده

۶۱

از وقفه استفاده می‌کنند

وقفه تکنیکی است برای زمان‌هایی که می‌خواهید درباره‌ی موضوعی مثلاً یک بدرفتاری از سمت فرزندتان، بحث کنید اما فرصت کافی یا شرایط مناسب در آن لحظه را ندارید، پس آن را به زمان مناسب‌تری موکول کنید.

تمرین

به زمان و موقعیتی که در آن قرار دارید توجه کنید اگر مناسب بود و فرصت داشتید صحبت کنید در غیر این صورت از تکنیک وقفه استفاده کنید.

والدین فوق العاده

۶۲ درخواست‌هایشان را مجدداً قالب بندی می‌کنند

گاهی اتفاق می‌افتد که فرزندتان به درخواست شما توجهی نمی‌کند. مثل تمیز کردن اتاقش و شما از این حرکت عصبانی و درمانده می‌شوید. تکنیک از نو قالب‌بندی کردن را استفاده کنید. از نو قالب‌بندی کردن یعنی دخیل کردن تصور یا از طریق بازی انجام دادن، به منظور برانگیختن رفتار مطلوب.

تمرین

فعالیت‌هایی که فرزندتان اغلب برای انجامشان مقاومت می‌کند، کدامند؟

به روشهای جالب‌تر و تخیلی‌تر برای توصیف درخواست‌تان بیندیشید و آن را قالب‌بندی کنید.

والدین فوق‌العاده

۶۳

مثبت‌گویی می‌کنند

پدر و مادر آگاه به فرزندشان کمک می‌کنند تا دنیای پیرامون شان را هدایت کنند. بیاموزند انتخاب‌های درستی داشته باشند و معقولانه خطر کنند؛ پس نگرانی‌ها و آموزش‌هایتان را به شیوه‌ای مثبت مطرح کنید.

تمرین

به جای اینکه به بچه‌ها بگویید چه کاری انجام ندهند، بگویید چه کاری انجام دهند.
مثال: بجای گفتن وای نیوفتی
بگویید خودت رو محکم نگه‌دار
بجای گفتن غر نزن
بگویید چند لحظه نفس عمیق بکش

والدین فوق‌العاده

۶۴

فضای مناسبی ایجاد می‌کنند

در هر زمان با توجه به موقعیت، واکنش مناسب نشان می‌دهند.
(شوخی، بازی، طنز پردازی، گفت‌وگو و...)

تمرین

موقعیت را بررسی کنید و مناسب با آن واکنش نشان دهید.

والدین فوق‌العاده

۶۵

از نمایش‌هایی که کودکان به راه می‌اندازند، پرهیز می‌کنند

در اوقاتی که فرزندتان برای جلب توجه یا تحریک شما بدرفتاری می‌کند، بهترین روش این است که خودتان را بی‌اعتنا نشان دهید. بی‌اعتنا بودن یعنی سطح انرژی را پایین نگه‌دارید و اجازه ندهید رفتار او شما را عصبی کند.

تمرین

در زمان‌هایی که ممکن است جدال و درگیری ایجاد شود برای نشان دادن بی اعتنا بودن از یک سناریو استفاده کنید. به نحوه‌ی گفتار انتخابی خود توجه کنید و تعاملتان را آرام و مختصر نگه دارید.

والدین فوق العاده

۶۶
عمل بد را متوقف می‌کنند

متوقف ساختن عمل بد، یکی از قدرتمندترین ابزارهای والدین است. درست شبیه زدن دکمه پاوز (توقف کوتاه) در زندگی است. در اصل با متوقف ساختن عمل خود از طریق واکنش‌تان فرزند شما متوجه می‌شود چیزی که در حال وقوع است صحیح نیست.

تمرین

اگر در زمان دیگری مشاهده کردید فرزندتان رفتار ناخوشایند یا نامطلوبی دارد(غرزدن، فریاد کشیدن و...) تعامل خود را با او متوقف کنید و دلیل را توضیح دهید، حرف و عملتان یکی باشد.

والدین فوق‌العاده

۶۷ تکنیک اجرای مجدد را انجام می‌دهند

اجرای مجدد مانند دکمه عقب برنده فیلم است تا مجدد صحنه بهتری را آغاز کنید. اجرای مجدد، فرصتی برای دوباره آزمودن و بهتر عمل کردن است. این تکنیک بخش حیاتی یادگیری است و با تمرین و تکرار عادت‌های بهتر ایجاد می‌شوند.

تمرین

هر زمان که رفتار نامناسبی مشاهده کردید از این تکنیک استفاده کنید و با پرسش و پاسخ با فرزندتان، راه و شیوه درست برای مدیریت آن موقعیت را بیابید.

والدین فوق‌العاده

۶۸ برای فرزندانشان صحنه تمرین ایجاد می‌کنند

تمرین برای یادگیری ضروری است. هر زمان که خواستید فرزندتان رفتار جدیدی را یاد بگیرد یا رفتار مطلوبی را جایگزین رفتار ناخوشایندی کند، فرصت و موقعیتی ایجاد کنید تا رفتار جدید را تمرین کند.

تمرین

برای رفتارهای نامطلوب، تمرین رفتارهای جدید در نظر بگیرید و در صحنه‌هایی مثل تئاتر و نمایش، آن رفتار جدید را تمرین کنید.

والدین فوق‌العاده

۶۹ بر روابط تمرکز می‌کنند

آنچه درباره‌ی کودکان مهم است، ارتباط است ارتباط، ارتباط.

بدون وجود ارتباطی عمیق و عاشقانه که بر پایه احترام و اعتماد متقابل باشد، کلیه تکنیک‌های این کتاب تنها جهت افزایش سازگاری است اما با داشتن ارتباط قوی این تکنیک‌ها به ابزار قوی برای شما تبدیل می‌شوند. رابطه ی قوی والدین فرزندی تأثیر مثبت مهمی بر همه جنبه‌های رشد کودکان دارد.

تمرین

ارتباط با یک تعامل در میان هزاران لحظه ساخته می شود. تعاملات روزانه‌ی خود را با فرزندانتان مشاهده کنید و از خودتان بپرسید تکرار این رفتارها در طول مدت‌زمان طولانی، رابطه‌ی موردنظر شما را خواهد ساخت؟

۷۰ از جایی که هستند آغاز می‌کنند

اکنون که تمام موارد را مطالعه کردید و به این قسمت رسیده‌اید شاید به خاطر فرزندپروری گذشته، خود را سرزنش کنید یا مضطرب شوید. این احساسات طبیعی هستند وقتی چیزی یاد می‌گیریم که آرزو داشتیم زودتر آن را عملی می‌کردیم؛ طبیعی است که مضطرب شویم یا خود را سرزنش کنیم. به یاد داشته‌باشید که تنها می‌توانید بر اساس چیزهایی که می‌دانید عمل کنید و بیشتر والدین هم به اندازه چیزهایی که تا امروز می‌دانستند، بهترین عملکرد خود را داشته‌اند. لطفاً اجازه ندهید اضطراب و و افسوس گذشته شما را اکنون از عمل کردن به آنچه که می‌دانید، باز دارد. همان‌طور که یکی از ضرب‌المثل‌های مورد علاقه من یادآوری می‌کند «بهترین زمان برای کاشت یک درخت بیست سال قبل است و بهترین زمان بعدی همین حالاست» امید است این کتاب ابزار و آگاهی لازم را برای ساخت ارتباطی که تمایل دارید با فرزندتان داشته‌باشید در اختیارتان قرار داده‌باشد.

همین حالا شروع کنید

کتاب های کودکان در کیدزوکادو

https://www.kphclub.com/child-books

برای تهیه کتاب ها از آمازون یا وبسایت انتشارات می توانید بارکدهای زیر را اسکن کنید

kphclub.com

Amazon.com

Kidsocado Publishing House
خانه انتشارات کیدزوکادو
ونکوور، کانادا

تلفن : ۸۶۵۴ ۶۳۳ (۸۳۳) ۱+
واتس آپ: ۷۲۴۸ ۳۳۳ (۲۳۶) ۱ +
ایمیل: info@kidsocado.com
وبسایت انتشارات: https://kidsocadopublishinghouse.com
وبسایت فروشگاه: https://kphclub.com

کتاب های فرزندپروری انتشارات ما:

Amazon.com

kphclub.com

Kidsocado Publishing House
خانه انتشارات کیدزوکادو
ونکوور، کانادا

تلفن : +۱ (۸۳۳) ۶۳۳ ۸۶۵۴
واتس آپ: +۱ (۲۳۶) ۳۳۳ ۷۲۴۸
ایمیل: info@kidsocado.com
وبسایت انتشارات: https://kidsocadopublishinghouse.com
وبسایت فروشگاه: https://kphclub.com